AF377395

TRENTE CENTIMES

PROGRAMME UNIQUE

DANS TOUTE LA FRANCE

Citoyens,

A vous auxquels appartient de voter
la retraite pour tous Français et Françaises !

La séparation de l'Église et de l'État !

Le propriétaire au code de commerce !
Au lieu du code civil.

PARIS

IMPRIMERIE CHARLES UNSINGER

83, RUE DU BAC, 83

—

1880

A M. le Président de la République Française,

A MM. les Ministres

composant le Gouvernement,

Et à MM. les Députés et Sénateurs.

Messieurs,

Voici le projet d'une loi que j'ai l'honneur, au nom de la France, de soumettre à votre haute appréciation.

Nous, Français et Françaises,

Au nom du droit,

Au nom de l'égalité,

Au nom de la morale,

Au nom de la civilisation,

Au nom de l'humanité,

Et au nom d'une République Française.

Nous sollicitons l'Assemblée Nationale de décréter une loi de retraite pour tout Français et Française ; nous demandons l'urgence. La loi ainsi motivée :

Article Premier. — Tous Français et Françaises qui auront vécu en France, auront droit à une retraite fixée à *six cents francs* pour les hommes, et à *trois cents francs* pour les femmes.

Art. 2. — Auront droit à la retraite, |tous Français et Françaises, à l'âge de vieillesse où les forces refusent le travail, ou en cas d'infirmité.

Art. 3. — Seront exclus de cette retraite, tous Français et Françaises qui auront vécu à l'Étranger plus de cinq ans.

Art. 4. — Tous Français ou Françaises qui auront par leurs économies quelques moyens de subsistance équivalant à la même retraite.

Art. 5. — Tous Français ou Françaises qui auront subi une peine correctionnelle pour vol et tentative d'assassinat.

Art. 6. — Tous Français ou Françaises qui auront subi une peine correctionnelle infamante, de plus de un an, pour tout autre motif que ceux de l'article 5.

Art. 7. — Toutes Françaises qui auront mené une vie honteuse, c'est-à-dire femmes prostituées.

Art. 8. — Une commission nommée par la Chambre, approuvée par le Gouvernement, sera chargée de vérifier les titres des ayant-droits à la retraite.

Art. 9. — Cette retraite sera régie par la même loi actuelle.

Permettez-moi de faire suivre quelques réflexions sur cette loi :

Je ne me serais pas permis, du temps de l'Empire, de la soumettre, même d'en avoir eu la pensée, car j'aurais pu être arrêté et condamné. L'Empire n'aurait pas permis que quelqu'un s'occupât des travailleurs.

Je voulais la soumettre il y a dix ans ; mais à cette époque, et depuis, la République a été sans républicains. Aujourd'hui, il y a des républicains ; c'est pourquoi il serait temps que les républicains présents ou à venir pensent un peu à ce peuple, car sans ce peuple de travailleurs de toutes classes, vous ne seriez ni Gouvernement, ni députés, ni sénateurs, ni armée de terre et de mer ; en un mot, il n'y aurait point de société, et cela est si vrai que, d'un seul mot, je vous le prouve : C'est ce peuple qui remplit les caisses du Trésor, et c'est le Trésor qui vous paie. C'est donc la sueur et le travail de ce grand peuple qui font que les caisses du Trésor sont toujours pleines, et qui font vivre la France. C'est par ces motifs que ce peuple réclame un peu d'indulgence.

Je sais bien que je me lance sur un terrain dur, que bien des personnes me répondront : « Que ceux qui veulent une retraite se la gagnent, » d'autres : « Qu'ils travaillent » et bien d'autres réponses encore, toutes plus absurdes les unes que les autres. Quels sont ceux qui trouveront à redire ? Ce sont ceux qui ont le bonheur — souvent par des protections — d'être employés du gouvernement, qui ne veulent pas savoir ce que c'est que le travailleur civil, qui les paie par l'intermédiaire du Trésor. J'appelle ces gens-là des *vers rongeurs* ; du reste, j'aurai à revenir sur ce sujet. Il y a aussi quelques millionnaires qui sont venus au monde, enveloppés de billets de banque, qui n'ont jamais connu la misère ni le travail, et qui sont même jaloux que l'ouvrier leur ressemble en nature. Il y a aussi une classe, dont j'ai longuément à me plaindre des procédés, que personne n'ignore, qui accapare, qui ruine, qui double ses capitaux tous les cinq à dix ans, qui enlève la confiance dans tout le commerce. Ceux-là, permettez-moi de les appeler les *vers soli-*

taires. Je suis bien certain que, parmi ces vers solitaires, il y en a qui me donneront raison, car, dans toutes les classes, on trouve des hommes consciencieux. Ils me répondront : « La loi est ainsi faite, j'en profite. » J'aurai à revenir sur ce sujet.

J'ai dit au commencement :

Au nom du droit.

Au nom de l'égalité.

Au nom de la morale.

Au nom de la civilisation.

Au nom de l'humanité.

Et au nom de la République.

Je prends le premier passage : « Au nom du droit. » Y a-t-il un droit qui soit plus acquis, plus sacré, que celui du travailleur qui, pendant 40 ans, a donné à la société toutes ses sueurs, tout son temps, toutes ses forces, risquant leur vie, les uns pendant la journée, les autres pendant la nuit, sur un échafaudage, suspendus à une corde, d'autres travaillant toute leur vie privés d'air, dans des souterrains, les ouvriers mineurs qui produisent de grandes richesses, d'autres continuellement dans les égouts, et d'autres, qui, en sortant le matin, ne savent pas si, le soir, ils pourront partager une grosse soupe avec leur famille.

Au nom de l'égalité! Pourquoi toute cette grande classe d'ouvriers travailleurs, qui contribuent à remplir les caisses du trésor, lesquelles paient bien cher tous les employés du Gouvernement, pourquoi, après avoir rempli ce grand cours de leur vie, et arrivés à l'âge de vieillesse, n'auraient-ils pas le même droit d'avoir un morceau de pain ?

Au nom de la morale ! Ne croyez-vous pas que, lorsque vous aurez décrété cette loi, la société s'apercevra de l'égalité pour tous, et que ceux qui sont égarés aujourd'hui à commettre plus ou moins de méfaits, qui sont toujours déplorables pour la société, quoiqu'ils en supportent les peines prononcées par la justice — et il n'est que trop vrai que souvent ils sont poussés par la société à renouveler leur premier crime ; puisqu'il est défendu de donner du travail à quiconque aura fait quelques jours de prison, vous les poussez à de nouveaux crimes, — ne croyez-vous pas que, hommes et femmes, pour avoir droit à cette petite retraite, chacun pour soi tiendrait une meilleure conduite ?

Au nom de l'humanité ! Croyez-vous qu'il soit bien humain de laisser souffrir les enfants de la France, d'un morceau de pain ? C'est humain encore de leur défendre de demander l'aumône ? De quel droit peut-on défendre à celui qui a faim de se plaindre ? Pour défendre de demander l'aumône, il faut s'appuyer sur la logique. Lorsque vous aurez décrété la retraite pour tous, vous aurez le droit de le défendre, parce que ceux qui n'auront pas encore droit à la retraite auront encore la force de travailler. Et si vous défendez à ces malheureux de mendier leur pain, qu'ils y soient forcés par la vieillesse, par l'infirmité ou par le manque de travail, vous les poussez au vol et à la prostitution. Vous ne prétendrez pas me dire, comme disent quelques misérables pour ne pas faire l'aumône, parce que cela les ennuie : « Ce sont des fainéants, des vagabonds, ils ne veulent pas travailler. » Vous ne viendrez pas me soutenir qu'il y a du travail pour tous !

Au nom de la civilisation! Vous viendrez me dire que la France est civilisée! Et si elle ne l'était pas, que ferions-nous de plus? Depuis bien ongtemps, je vois qu'il n'y a plus de confiance dans les affaires. On ne croit plus à la parole, et très peu à l'écrit. Quelle différence avec l'époque où l'on traitait une affaire majeure, en se touchant la main ! A cette époque, moins d'assassins, moins de femmes hors de la société, et nous faisons des progrès !

Au nom de la République! Oui, il serait temps que la République sorte des routines de l'Empire, qu'elle fasse profiter tous ses enfants d'une amèlioration du sort des travailleuas, cař, si nous sommes en République, c'est encore à ce peuple laborieux que nous le devons. Et déjà dix années ont passé sans voir la moindre amélioration.

On me répondra : « C'est facile de dire une retraite pour tous, mais où prendre l'argent pour cette grande caisse ? et pour pouvoir toujours la remplir ? » La réplique est facile ; le plus difficile est la volonté de faire quelque chose de bien. Voudriez-vous me dire combien toutes les villes réunies votent de fonds pour l'Assistance publique, combien tous les théâtres de France prélèvent pour le droit des pauvres, à combien se montent les revenus de tous les immeubles appartenant à l'Assistance publique, combien il y a d'autres revenus comme casuel? Et combien l'administration prélève pour ses appointements sur l'argent qui appartient aux pauvres?

J'ai sous les yeux le rapport de l'Assistance publique pour 1879.

C'est effrayant, le nombre des malades dans les hôpitaux, surtout dans les hôpitaux de vieillards, et, à ce propos, je prétends que tous ces malades, s'ils recevaient de l'État une pension de 600 francs, resteraient chez eux. Pour ceux qui préféreraient finir leurs jours dans ces maisons, la pension de 600 francs, de rigueur, serait encaissée par l'administration de l'Assistance publique.

Ainsi donc, il y aurait bénéfice pour tous. Ou l'assistance aurait moins de clients, ou elle encaisserait du Gouvernement la pension de ses locataires. J'aime à croire que la clientèle diminuerait, car c'est toujours imitation d'une prison, lorsqu'il faut suivre un règlement administratif, et même une discipline, qu'il faut une permission pour sortir, et une permission pour visiter les parents.

Le même cas se présente pour les hôpitaux. Combien de vieillards, hommes et femmes ayant droit à cette petite retraite, se soigneraient chez eux ! Je ne veux pas mentionner les chiffres que j'ai sous les yeux, chiffres de Paris; toute la France, surtout les grandes villes, sont dans le même cas. Donc, je conclus que s'il y a impossibilité de supprimer l'Assistance publique, il y a au moins possibilité de diminuer sa clientèle de malheureux, d'abolir les [traitements des hauts fonctionnaires; si je ne fais pas erreur, le président a de 15 à 20 mille francs, puisse viennent les autres. Que cette haute position honorifique appartienne à des hommes charitables !

Eh bien, avec les fonds qui sont prélevés pour l'Assistance publique, vous avez de quoi remplir cette grande caisse de retraite. Vous allez me dire: « Mais alors les pauvres, les hôpitaux, et tant de familles honteuses que l'Assistance publique soutient ? » La réponse est des plus faciles : Votez la loi que la France vous demande, l'Assistance publique n'a, en grande partie, plus de raison d'être. Vous verrez que les hôpitaux perdront beaucoup de leur clientèle, parce que bien des malades, s'ils avaient quelques moyens pour se faire soigner chez eux, n'iraient pas à l'hôpital, c'est la misère qui les y pousse. Bien d'autres pauvres disparaîtraient, lorsqu'ils auraient une pension de 50 francs par mois pour les hommes et de 25 francs pour les femmes. Et quant aux familles honteuses, c'est-à-dire les protégés, elles feraient comme les autres ; comme il faut toujours les hôpitaux, ils seraient régis par une commission honorifique nommée par le Conseil municipal.

Savez-vous où passe tout ce qui rentre à l'Assistance publique ? la plus grande partie passe aux hôpitaux, à l'administration, une autre aux protégés, et le reste, cherchez? Point de contrôle. Les conseils municipaux pourraient encaisser tous les droits qui rentrent à l'Assistance, prélever les besoins des hôpitaux, et verser à la grande caisse de retraite, puisque c'est toujours dans le même but, pour les pauvres. La différence est que, dans cette caisse, il y aurait égalité pour qui de droit. L'Assistance est une aumône à laquelle le Français ne doit pas être réduit.]

Mais il y a bien d'autres ressources pour remplir la caisse de retraite, dite nationale. Avons-nous besoin du clergé ? Pourquoi ne pas supprimer ce budget? Comprenez-vous cela? Une république qui paie des hommes qui font purement et simplement un commerce, et bien lucratif. Quelqu'un ayant tout son raisonnement, me dirait-il le contraire ? Et si vous croyez un peu à Dieu, comme je crois, Dieu a dit : « Je donne tout et je ne vends rien à qui croira à moi. » Et le clergé vend tout, aussi bien sa marchandise qui n'a aucune valeur que toutes les paroles qui sortent de sa bouche, sans qu'on ait, tout en payant, le droit de lui répondre. Et ils ont la force de vous dire : « Hors de l'Église, point de salut. » Dieu ne serait pas juste s'il ne promettait le salut qu'à ceux qui vont à l'église. Vous porter des gros sous seulement pour les chaises, car pour les autres paiements, il faut des pièces blanches, même des pièces d'or. Et toutes les autres religions sont condamnées, selon vous, clergé. Supprimez donc ce budget, et voilà encore des millions pour la caisse de retraite.

Mais si ces deux réformes ne suffisaient pas, l'une, l'abolition de l'Assistance publique, l'autre, la suppression du budget des cultes, voyons un moyen simple et pratique. Est-ce que le Gouvernement se met en peine, lorsqu'il lui faut des fonds pour tout autre destination. L'assemblée n'a qu'à le voter, elle le fait bien à sa volonté. On a bien voté des gratifications à tous les employés du Gouvernement, à l'époque de l'Exposition, sous prétexte que les vivres augmentaient, et le pauvre peuple, rien ! Et cette classe laborieuse d'ouvriers, cela paie les vivres plus cher ! Pourquoi n'êtes-vous pas employés du Gouvernement ?

Voyons si nous sommes bien en République de fait. La République doit être économe et commencer par elle, j'appelle elle, les hommes qui nous gouvernent. Ils ont le devoir de chercher à faire toutes les économies possibles, et de détruire tout ce qui porte atteinte à la société.

Je continue à chercher les fonds pour la caisse de retraite, et il est probable que j'en trouverai, même en surplus, sans porter atteinte à personne; cherchant toujours l'égalité.

J'ai parlé, au commencement, des vers solitaires, et vous savez que les personnes atteintes du ver solitaire, il faut qu'elles mangent toujours. Il y a une classe que personne ne veut mettre en avant, et cela se comprend, parce que ceux qui ont fait cette loi, qui protège cette classe de vers solitaires appartiennent, à la même famille. C'est cette classe qui ruine le commerce, qui fait déclarer les commerçants en faillite, qui prend toute la sueur du travailleur, qui enlève la confiance, qui accapare tout à son profit. Elle abuse de la loi qui la protège au détriment de tous, double ses capitaux tous les cinq à dix ans; cette loi n'a plus raison d'être maintenue sous la République. Ces vers solitaires, ce sont Messieurs les Propriétaires, et ce sont des propriétaires qui ont fait cette loi. — Il y a une loi qui force le citoyen d'avoir un domicile ou, à défaut, on est arrêté comme vagabond. — L'autre loi, qui favorise le propriétaire, force le locataire d'avoir un mobilier au gré du propriétaire; je dois payer le loyer d'avance. Si je loue un piano, il me faut le consentement par écrit du propriétaire. Si je veux dans l'intervalle faire réparer mes meubles, il me faut le consentement du propriétaire. S'il y a la moindre usure dans les appartements que j'occupe, le propriétaire me fait faire les réparations à mes frais. Les locataires doivent lui entretenir ses immeubles, quoiqu'ils paient bien cher. Si un marchand de meubles ou tout autre, soit même un tailleur, m'a fait crédit, et que je sois en retard pour le loyer, le propriétaire fait vendre le tout, même sans jugement; par ce moyen, tous mes créanciers sont solidaires pour payer mon loyer. Voilà pourquoi la confiance est perdue, parce que chacun a peur de faire du crédit, et c'est la loi qui est cause de tout cela. Il y a pourtant un remède simple que j'indiquerai.

Voyons comment les propriétaires doublent leurs capitaux. Supposons un propriétaire qui a acheté ou a fait bâtir une maison de 100 mille francs, il y a 50 ans, combien cette maison vaut-elle aujourd'hui ? Elle en vaut 300 mille, et cette maison lui a rapporté toujours de 20 à 30 0/0, et toujours garantie par la loi. Je n'ai pas tout dit sur les propriétaires, vers solitaires, et je ne pourrai jamais tout dire. Qui pousse les ouvriers aux grèves ? Ce sont bien les propriétaires, puisque les loyers augmentent toujours. On me dira : « Dans un temps, la main-d'œuvre était moins chère. » C'est vrai, voilà pourquoi vous poussez aux grèves, parce que tout augmente, et vous dites, vous les premiers, Messieurs les Propriétaires : « Avec vos grèves, vous me faites manger plus cher, ma cuisinière me dépense 10 francs de plus par jour ; il faut que je me rattrape, et pour cela, j'augmente tous mes locataires. J'ai 50 francs de plus par jour, et mon immeuble augmente aussi. Faites des grèves, mes bons amis ! » Un commerçant a des malheurs, ou une crise se fait sentir, il fait appel à ses créanciers, et tous lui accordent du temps ; mais le propriétaire refuse et fait vendre, parce que la loi le protège. Et pourtant, si je ne me trompe, tout ce que nous possédons est bien notre propriété. Pourquoi, à moi, marchand de meubles ou commerçant ou industriel quelconque, ma propriété qui est d'une première nécessité à la vie, doit-elle payer celle des pierres l'une sur l'autre qui font une maison. Avec un peu de bon sens, on comprend que si la loi doit protéger quelque chose, ce serait plutôt le commerce, tel que le pain, article dont nous ne pouvons nous passer. Il y a donc urgence pour réformer, sans porter atteinte à Messieurs les Propriétaires, qui pourront continuer à faire du commerce avec leurs maisons ; je dis du *commerce*, parce que personne ne viendra me soutenir le contraire. Messieurs les Propriétaires font bâtir, vendent, achètent, revendent, louent à leur bon plaisir, au prix qu'ils veulent ; ils font ce que la loi punit : de l'usure, bien que je sois pas partisan de cette loi, mais ils le font parce que dans le commerce c'est permis. Il n'y a que pour ceux qui prêtent de l'argent que c'est défendu, sauf pour le Mont-de-Piété, qui est encore garanti. Ainsi donc, Messieurs les Propriétaires, vous êtes des commerçants, et même vous ne courez aucun risque, comme tout autre commerçant. Je ne veux pas partager vos richesses ; c'est votre propriété ; que chacun garde la sienne ! Mais ce que nous voulons, c'est l'égalité pour tous devant la loi. Comme commerçants, soyez au code de commerce au lieu d'être au code civil, et la République aura rendu un bienfait à tous.

Il y a une inégalité que je ne puis passer sous silence. Ne croyez pas que je vais toutes vous les soumettre ; il faudrait trop de papier pour l'écrire. Je dis une inégalité : Les petits travailleurs à leur compte, qui sont même à un sixième étage, soit tailleurs, couturières ou cordonniers, paient plus de patente et de contributions à l'État que les propriétaires. Les premiers, quelquefois, à la fin de leur journée ou à la fin du mois, ont gagné juste pour du pain ; le reste est pour l'État et le propriétaire privilégié. Les seconds, c'est-à-dire les propriétaires auxquels la loi du code civil donne la sueur de tous, ne paient que le foncier qui n'est rien comparativement au commerce. Et encore si on les forçait de payer pour leurs appartements non loués ! Et le propriétaire qui occupe toute une maison ne paie que comme un simple locataire ! Eh bien, à ceux qui nous gouvernent, qui ont la force de le comprendre, de chercher l'argent où il est, d'imposer les propriétaires et autres équivalents, et la caisse de retraite sera plus que suffisante !

Mais, si vous voulez encore de l'argent, pour que rien ne vous retienne de décréter cette loi qui donnerait un peu de pain à la vieillesse, vous me permettrez de dire qu'il existe un monopole encore plus arbitraire, attendu que, si je ne me trompe, il ne repose pas sur une loi ; c'est purement administratif. Ce monopole n'a jamais eu raison d'être, et encore moins aujourd'hui sous la République, vu qu'une République a pour devoir d'abolir tout ce qui touche au monopole, soit caprice d'une administration, même du Gouvernement. Je veux parler des Bureaux de tabac : actuellement les bureaux de tabac sont donnés à des veuves de hauts fonctionnaires. Pourquoi ? Parce qu'on trouve que ces veuves n'ont pas assez de la retraite que leurs maris leur ont léguée. Quelquefois, ce sont des petits retraités qui, par protection, obtiennent un bureau de tabac. De tous ces titulaires, personne ne les dirige ; ils préfèrent les louer à des gérants. Savez-vous combien on loue ces bureaux de tabac ? Suivant la ville et le quartier on les loue de 500 à 1500 francs par an. Je prends donc une moyenne de 1000 francs, dont le Gouvernement fait cadeau, non comme retraite, mais comme pension *équivalente*. Vous voyez donc que j'ai raison de dire que c'est arbitraire ; tout d'un côté, rien de l'autre. J'ai connu des veuves, titulaires de plusieurs bureaux de tabac; je connais des retraités, décorés, et titulaires d'un bureau. Si je me permets de mettre à découvert tous ces anciens abus, c'est pour vous prouver qu'il est facile de trouver l'argent pour la caisse de retraite nationale. Il serait donc — sans porter tort à personne (je dis tort à personne, parce que tous ces titulaires ont de quoi vivre à leur aise, la preuve c'est que personne ne dirige son bureau de tabac) — il serait donc plus loyal et légal que le Gouvernement louât les bureaux de tabac, soit aux enchères, soit à un prix déterminé par l'administration. J'ai dit qu'un bureau de tabac se loue en moyenne 1000 francs : regardez combien il y a de bureaux en France, regardez combien de millions rentreraient dans la caisse ! Vous voyez que chaque bureau ferait la retraite de deux personnes, si nous prenons 600 francs par homme et 300 francs par femme, total 900 francs. Ne perdons pas de vue que si, d'un côté, l'État fait quelques sacrifices pour arriver à contenter son peuple, d'un autre côté, il fera des économies, car, comme je l'ai déjà dit plus haut, je soutiens — et personne ne me démontrera le contraire — que cette loi fera diminuer les prisonniers qui sont toujours coûteux, et fera diminuer aussi la clientèle des hôpitaux et des maisons de vieillesse.

Il y a bien encore autre chose à faire, qui serait très légal. J'ai aussi parlé des vers rongeurs ; je ne puis les passer sous silence. Je sais bien que je vais me faire traiter de fou, de révolutionnaire et tout autre injure, mais par qui? Par les propriétaires, vers solitaires, et par les hauts bonnets, employés du Gouvernement. Peu m'importe. C'est la petite minorité qui va me condamner. Mais c'est la grande majorité qui réclame non vos richesses, non vos positions, mais l'égalité pour tous, c'est-à-dire qu'on ne fasse pas comme l'empire, tout d'un côté, rien de l'autre. Puisque vous vous êtes intitulés républicains économes, il faut le démontrer, c'est l'heure. Dans les vers rongeurs, je ne veux pas, bien entendu, parler des ouvriers et petits employés du Gouvernement, soit de ceux qui travaillent, qui font toute la besogne, qui sont assidus aux heures, et auxquels, s'ils manquent un jour, même pour cause de maladie, on en fait la retenue à la fin du mois. Pour vous faire plaisir, pour diminuer la minorité de ceux qui allaient me lancer toutes les foudres du diable, surtout s'ils font cause commune avec le clergé, et pour augmenter mon parti de la grande majorité de ceux qui réclament un peu d'égalité, je ne parlerai que des hauts bonnets, c'est-à-dire depuis les chefs de bureau de toutes les administrations, ou pour bien nous comprendre et être logique, je dirai, à partir des appointements ou traitements de 6 mille francs, et je crois être un peu raisonnable. Eh bien c'est là que les vers commencent à ronger le trésor. Qui remplît les caisses du trésor? C'est le commerce, l'industrie, l'ouvrier, en un mot, tous ceux qui travaillent. Je ne veux pas énumérer toutes les belles positions, ni les traitements, je dirai seulement que tous ces messieurs, plus ou moins, ont quelques heures de bureau, si bon leur semble de venir; s'ils sont malades plus ou moins longtemps, le trésor paie à la fin du mois, s'ils sont en congé plus ou moins longtemps, le trésor paie; enfin, il faut tout dire, s'ils sont mis en disponibilité, le trésor paie toujours, et plus on est gros bonnet, plus on touche de gros traitements, et plus le trésor est indulgent. Ainsi, j'ai dit, « Tout d'un côté et rien de l'autre. » Voilà l'égalité. On me dira qu'il faut bien payer les hauts fonctionnaires, si on veut être bien représenté. La réponse est des plus faciles. Alors, nous sommes mal représentés dans tous les conseils municipaux, puisque les membres perdent tout leur temps et ne sont pas payés? Et si quelqu'un veut soutenir qu'il faut bien payer, cela veut dire que personne ne sert la patrie pour l'amour de son pays, qu'on la sert pour les gros traitements, et la preuve est que, lorsqu'on touche aux appointements de quelqu'un par ordre de discipline, vous le voyez en colère et réclamer. J'ai vu ce fait parmi les hommes qui font les lois. Moi, je crois le contraire; que si vous voulez des bons serviteurs, il faut que ces serviteurs soient comme les conseillers municipaux; vous aurez du bon travail, parce que ces Messieurs travaillent pour leur pays, et ce sont eux qui donnent quelque soulagement aux ouvriers. Vous, messieurs des deux Chambres, vous avez l'honneur de faire des lois, et souvent à votre profit; vous pouvez rester chez vous ou en congé, le trésor paie, et tout cela ne serait rien si, sauf quelques exceptions, vous ne trompiez vos électeurs, qui vous ont donné leur confiance. Vous leur avez promis bien des lois et des réformes; et, pour arriver à cette haute position, vous leur avez touché la main; toute votre maison était ouverte à deux battants pour tous; paroles, promesses, publicité, rien n'a manqué; mais, une fois le vote connu à votre profit, votre domestique avait ordre de ne plus recevoir personne, en dehors de vos amis.

Puisque nous sommes sur les vers rongeurs du Gouvernement, ne croyez-vous pas, comme moi et mes adhérents, que le métier de préfet est joli, que les traitements sont jolis aussi, et puis ces Messieurs n'ont pas besoin de 30 ans de service pour avoir droit à une pension ; quelques années suffisent. Vous me répondrez encore qu'il faut bien les payer, parce qu'ils ont une responsabilité. Laquelle ? Croyez-vous que vous ne trouveriez pas des préfets qui rempliraient ces fonctions, honorifiques, sauf les frais de bureaux ? Croyez-le bien, il y a deux cas qui sont vrais : On sert sa patrie, 1° pour les appointements, 2° pour avoir l'honneur de commander. — Ainsi vous trouveriez de bons préfets à volonté, pour avoir la croix, (ce qui ne manque pas,) pour porter l'épée et avoir sous leurs ordres un département, — et vous, peuple, rien ! Je sais bien que les uns vont me répondre : Vous allez trop loin et vous fourrez trop votre nez dans les affaires de l'égalité. Les autres me répondront, et je préfère cette dernière réplique, parce que c'est celle de la majorité : Vous n'avez pas assez dévoilé, il y a bien à dire encore pour l'égalité. Non, je ne veux pas m'écarter du rôle que j'ai entrepris ; je ne veux pas fourrer mon nez dans les cartons de toutes les administrations ; je veux encore moins les richesses et les hautes positions des autres ; que chacun garde son rang ! Mais ce que je veux, c'est un peu plus d'égalité, et comme je l'ai déjà dit : « La République française doit être économe et commencer par elle. » Je veux des lois qui abolissent tout acte arbitraire, ce qui trop souvent se renouvelle, soit pour une condamnation, soit pour une récompense ; ces deux cas, on les voit tous les jours, la presse est insuffisante pour dévoiler tous les abus. Ainsi, si nous sommes en République, il faut que ceux qui nous gouvernent changent de politique, vu que, depuis dix ans, nous n'avons que de longs discours et de larges promesses, répétition de tous les gouvernements déchus. Il faut que

ceux qui nous gouvernent, la presse qui joue un si grand rôle, une fois
pour toutes, fassent quelque chose pour ce grand peuple, si patient, si
travailleur. Il faut qu'on le rende républicain, et pour cela, il n'y a qu'un
moyen, c'est de lui donner ce qu'il vous demande : un peu de pain pour
ses vieux jours. C'est son droit. Vous devez vous rappeler, Gouvernement, hauts fonctionnaires et millionnaires, que, sans ce peuple de toutes
classes qui remplit les caisses du trésor, vous ne seriez rien. Vous ne
voudriez pas le faire voter, si c'est bien là son désir ; il y a même des
riches qui donneront leur approbation, car personne ne peut répondre
si, un jour, sa richesse ne lui fera pas défaut.

Je dis qu'il n'y a qu'un moyen pour rendre la France républicaine,
mais par contre, il y a plusieurs moyens pour remplir la caisse de retraite.
J'ai indiqué la suppression en partie de l'Assistance Publique, la suppression de tout le budget du clergé, auquel on pourrait même faire payer
le loyer des immeubles qu'il occupe, puisque ces immeubles appartiennent à l'État, la location des bureaux de tabac, chercher à augmenter
le foncier de Messieurs les Propriétaires, et les mettre au code de commerce, puisqu'ils sont commerçants.

Avec ces quatre réformes indispensables, vous trouverez les fonds
nécessaires, et à défaut, puisque je réclame l'égalité, pourquoi ne pas
réduire de 10 0/0 les appointements de ceux qui touchent plus de
6,000 francs ? Si toutefois on croit que je sois dérisoire de demander
la réduction de 10 0/0 sur les employés du Gouvernement, pourquoi
les Chambres ne voteraient-elles pas les fonds ? Je dois faire remarquer
qu'au premier coup d'œil, on croirait qu'il faudrait beaucoup de fonds

pour donner la retraite à tous. Erreur ! Cette retraite est fixée à un âge de vieillesse que celui qui y aura droit, n'en profitera pas longtemps, et, si je me suis tenu à un âge aussi avancé, c'est pour faire un pas en avant dans l'attente que, plus tard, on fera une plus large part à la misère.

Il y a encore un moyen qui serait pratique et juste. J'ai dit qu'il faut prendre l'argent où il se trouve. Pourquoi n'augmenterait-on pas les impositions des loyers au dessus de 2,000 francs, sauf les magasins, boutiques, commerces, parce que ces derniers feraient supporter cette augmentation au consommateur? D'un autre côté, ils sont déjà bien cotés.

On me dira : « Mais pourquoi la retraite aux femmes? » Dieu, que la réponse est facile. Si je ne me trompe pas, actuellement, lorsqu'un retraité meurt, sa veuve touche une partie de la retraite, puis viennent les enfants. Mais je crois que s'il y a un droit sacré, la femme du travailleur, travailleuse aussi, a mérité du pain, elle a donné à la société son savoir, ses capacités, sa sueur. Et, puisque vous me forcez à le dire, qui produit les enfants de la patrie qui sont sous les drapeaux ? Sont-ce les millionnaires dont les fils, quelquefois, figurent sur les livres de présence, mais qui, en réalité, sont en congé ?

Oui, ces femmes de toutes classes des travailleurs, ont mérité du pain pour leurs vieux jours. Que la loi de retraite soit votée d'urgence, c'est-à-dire qu'elle ne soit pas renvoyée aux calendes grecques et on verra les vols, assassinats, suicides qui, en partie, sont causés par la misère. On verra la diminution des femmes prostituées. Et pourquoi toutes ces diminutions? Faut-il vous le dire? c'est parce que chacun voudra conserver le pain pour ses vieux jours!

Maintenant que j'ai fini ma tâche, à vous, Messieurs du Gouvernement, à vous, Messieurs des deux Chambres, qui avez tout pouvoir, qui tenez la destinée de la France dans vos mains, qui, par votre seule volonté, pouvez soulager toutes ces grandes misères, de voter cette loi sacrée et d'humanité! Abolissez toutes les lois arbitraires, remerciez les hommes qui continuent, sous la République, à condamner arbitrairement, selon leur bon caprice, sans oublier ceux qui, par leur position d'autorite, se livrent à des abus de pouvoirs qui portent toujours atteinte! Faites ce pas dans la voie du progrès, et la France vous applaudira.

Mes chers lecteurs,

Si, dans les quelques lignes ci-dessus, j'ai fait ressortir les grandes misères et les grandes richesses des vers rongeurs et des vers solitaires, de ceux qui ruinent, qui sont la cause de tant de malheurs, si je me plains que, depuis 10 ans, la République n'a rien fait pour la classe si laborieuse, sauf de beaux discours et de grandes promesses, la faute n'en est pas à ceux qui nous gouvernent, y compris les deux Chambres. La faute en est à vous, électeurs. C'est vous qui êtes la cause que la République ne peut et ne pourra rien faire pour remédier à la misère et au développement du progrès; c'est à vous qu'incombe la responsabilité des tiraillements qu'on voit tous les jours dans les deux Chambres.

Et vous, vous plaignez de vos représentants ! Savez-vous pourquoi vos mandataires ne sont jamais d'accord ? C'est parce que vous ne savez pas ce que vous voulez, parce que, dans chaque département, même dans chaque circonscription, sauf pour les besoins locaux, vous n'êtes pas d'accord. Vous faites comme en Suisse ; mais la Suisse est divisée en 22 cantons, et chaque canton est un Gouvernement, c'est-à-dire que chaque canton a des lois différentes. Mais chez nous, en France, il y a 86 départements, et il faut que nous soyons d'accord. Voilà le grand problème, et il est facile de le résoudre. Permettez-moi, auparavant, de vous dire une partie de vos fautes.

Lorsqu'un candidat se présente devant vous, il suffit qu'il puisse se nommer Monsieur de, Monsieur le marquis, Monsieur le baron, Monsieur le duc, Monsieur le comte, ou même qu'il soit un riche millionnaire, vous êtes fier de voir que de hauts personnages viennent s'asseoir au milieu de tant de monde d'une classe si inférieure, et surtout de leur entendre faire un beau discours qui vous fait miroiter une fortune à venir — (et cela est si vrai que j'ai vu des personnes envoyer leurs mains dans leurs poches, croyant déjà toucher l'or). — Vous ne lui épargnez pas les applaudissements. Je vous l'ai déja dit, c'est à vous qu'incombe la responsabilité, si la République ne fait pas de progrès. Votre premier tort, c'est d'applaudir si facilement, c'est de croire que cette personne, qui ne vous connaît pas, cherche tous vos intérêts, que, selon lui, il veut se sacrifier pour votre bonheur. Qu'il me soit permis de le dire à ceux qui ne cherchent pas à approfondir cette petite comédie. Tous ces gens-là ne sont point républicains ; ce n'est pas de la République qu'ils détiennent ces noms ; que, s'ils se donnent la peine de se présenter devant vous, c'est pour combattre la République, c'est pour, une fois députés, pouvoir arriver à se faire nommer à un poste plus lucratif, et de là, ils vous envoient promener. Mais il y a un fait incontestable, qui est la base de tous vos torts : c'est que vous ne savez pas commander, et cela faute de prévoyance, ou, j'aime encore mieux dire, faute de se comprendre, et pour se comprendre, il faut que nous ayons tous le même mot d'ordre. Mais, avant de donner le moyen d'avoir le même mot d'ordre, voyons de nous comprendre. Qu'est-ce qu'un mandataire ? Est-ce qu'un commis-voyageur, un représentant du Gouvernement à l'étranger, soit consul, ou ambassadeur, ou autre du même genre, est-ce que tous ces mandataires ne sont pas sous les ordres du mandant ? Peuvent-ils faire quelque chose de leur propre volonté, sans en avoir reçu l'ordre ? Peuvent-ils abandonner leur poste sans en prévenir leur patron ? On me dira que le député a un mandat impératif. Quelqu'un pourrait-il me prouver qu'un député a le droit de dépasser ce qu'il a promis à ses électeurs ? Et je pense bien qu'il ne leur a pas promis de les trahir ou de les abandonner. Lorsqu'un commis-voyageur ne remplit pas son mandat, la maison le remercie, et elle a le soin, par la voie des journaux, de faire savoir que M. X..., ne fait plus partie de sa maison. Lorsqu'un ambassadeur, qui est bien plus important qu'un député, donne sa démission ou qu'on la lui donne, les journaux nous le font savoir. Les mandants ont toujours le droit de retirer le mandat qu'ils ont confié. Et pourquoi, lorsqu'il plaît à un député ou à un sénateur de ne pas tenir compte des promesses qu'il a faites devant ses électeurs, ceux-ci sont-ils forcés de le garder? Si je ne me trompe, c'est arbitraire. Et croyez-le, mes chers lecteurs, il y a à tout des remèdes, ou du moins des améliorations ; et ce remède, il est facile, puisque tous les mandants l'emploient. Lorsque votre mandataire aura oublié son devoir, vous avez le droit de vous réunir, et de délibérer sur sa conduite, d'émettre un vote de méfiance, et de déclarer, par la voie des journaux, que M. X..., votre député, a fini son mandat, qu'en droit vous ne pouvez le lui retirer, mais que vous le lui retirez moralement, et il donnera sa démission. Ainsi, si vous m'avez bien compris, c'est à nous qu'incombe le soulagement de tant de misères ; c'est nous qui, tous les trois ans, avons le droit d'y remédier par le choix de nos mandataires ; c'est à nous de bien commander, et, pour bien commander, il faut d'abord savoir ce que nous voulons, préparer notre programme. Que ce même programme soit présenté dans toute la France ; il est bien entendu que chaque département y ajoutera ses besoins personnels ; il est bien entendu, aussi, que le candidat qui se présentera à vos suffrages devra, s'il accepte votre programme, le signer en trois exemplaires ; il en gardera un pour lui servir de mémoire pour ce qu'il a promis ; le second restera entre les mains du comité, et le troisième sera déposé, soit à la mairie, soit chez un notaire, soit en un autre lieu. Ainsi, si vous croyez que je sois dans le vrai, votez tous pour le même programme, prenez toutes les précautions, ne vous laissez plus entraîner par les belles promesses ni les beaux discours ; il est temps que le peuple travailleur puisse s'assurer un morceau de pain pour ses vieux jours. Voici le programme qu'il faut présenter dans toute la France :

Retraite à tout Français et Française ;

Liberté de réunion ;

Séparation de l'Église et de l'État ;

Le propriétaire au code de commerce ;

Liberté de la presse ;

Suppression des syndics.

Et si je ne crains pas d'être trop long, voudriez-vous me permettre de signaler une réforme qui a son mérite ? Actuellement, lorsqu'un commerçant est déclaré en faillite, le tribunal de commerce nomme un syndic. Le syndic prend tout l'actif du failli ; d'accord avec ce dernier, il poursuit ou il déclare clôturer faute d'actif ; s'il poursuit, c'est qu'il y a gros. Cette faillite dure quelques années, les créanciers n'ont jamais le droit d'avoir le plus petit renseignement. Le tribunal de commerce juge d'après le rapport du syndic, et là il n'y a point de contestation. Peine inutile, les créanciers sont à la merci de celui qui possède tout ; la preuve, c'est que les syndics ne tardent pas à faire fortune. Comment comprenez-vous une loi qui autorise d'enlever le bien des créanciers pour le donner à un seul ? Il ne faut pas avoir fait son droit pour comprendre que c'est arbitraire. Il serait bien plus simple, lorsqu'un commerçant est déclaré en faillite, que le tribunal de commerce nommât un juge-commissaire et que ce dernier nommât ensuite une commission prise parmi les créanciers; cette commission déciderait de la manière la plus simple de se partager l'avoir, au lieu de faire tant de frais de justice; car, c'est la propriété des créanciers, et personne n'a le droit de la soustraire. Demandez, si vous le jugez juste, la suppression des syndics.

Mes chers camarades de travail, je dois vous mettre sur vos gardes. Je sais d'avance que bien des personnes, surtout de celles auxquelles je fais allusion, vont trouver à redire sur mon petit travail. Les uns diront : « C'est un fou, » d'autres : « Il ne sait pas sa langue française, » d'autres : « C'est un révolutionnaire, » d'autres encore : « Il n'y a dans cet ouvrage ni phrases, ni discours. » La réponse est bien simple. Comme je l'ai déjà dit, nous ne pouvons pas tous être employés du Gouvernement, ni hauts bonnets, ni tous des propriétaires, ni avoir tous fait notre droit, encore moins être millionnaires, nous sommes des travailleurs, et chacun, dans notre partie, nous sommes aussi bien des docteurs. Et si on venait dire à cette classe laborieuse : « Vous n'avez pas su faire un discours, » elle vous répondra : « Prenez donc mes outils, et voyons si vous savez vous en servir. » J'ajouterai : « Nous pouvons nous passer de vos discours, tandis que vous ne pouvez vous passer de nos bras. »

Citoyens ! La République vous fait souverains; sachez en profiter, et votez tous mon programme qui est le vôtre et celui de vos femmes et enfants.

P. Simon.

PARIS. — CHARLES UNSINGER, IMPRIMEUR
83, rue du Bac.

www.ingramcontent.com/pod-product-compliance
Ingram Content Group UK Ltd.
Pitfield, Milton Keynes, MK11 3LW, UK
UKHW020909140726
13695UKWH00006B/2414